AF451632

COURS LIBRE DE CHINOIS VULGAIRE ET PRATIQUE

BATIMENT DE LA SORBONNE, RUE GERSON.

DISCOURS D'OUVERTURE

DU 7 DÉCEMBRE 1869

Par M. le comte KLECZKOWSKI

ANCIEN CHARGÉ D'AFFAIRES DE FRANCE A PÉKIN

CONSUL GÉNÉRAL

PREMIER SECRÉTAIRE-INTERPRÈTE DE SA MAJESTÉ L'EMPEREUR

POUR LES LANGUES DE LA CHINE

PARIS

TYPOGRAPHIE DE A. POUGIN

13, QUAI VOLTAIRE, 13

1870

BATIMENT DE LA SORBONNE, RUE GERSON

DISCOURS D'OUVERTURE

DU 7 DÉCEMBRE 1869

Par M. le comte KLECZKOWSKI

ANCIEN CHARGÉ D'AFFAIRES DE FRANCE A PÉKIN

CONSUL GÉNÉRAL

PREMIER SECRÉTAIRE-INTERPRÈTE DE SA MAJESTÉ L'EMPEREUR

POUR LES LANGUES DE LA CHINE

Le cours de langue chinoise vulgaire et pratique a été ouvert le **7** décembre dernier, dans une des salles du local de la rue Gerson, par M. le comte Kleczkowski, consul général, premier secrétaire-interprète de l'Empereur, devant une assemblée nombreuse composée de philologues, d'étudiants, de fonctionnaires de diverses administrations, et de membres de l'Institut, parmi lesquels nous nous bornerons à citer S. Exc. M. Drouyn de Lhuys, sénateur, membre du conseil privé, ancien ministre des affaires étrangères, qui avait bien voulu, par sa présence, témoigner de l'intérêt qu'il attache au développement des rapports de la France avec les pays de l'extrême Orient

Le professeur a inauguré son enseignement en ces termes :

MESSIEURS,

Autorisé par LL. EExc. M. le ministre de l'instruction publique et M. le ministre des affaires étrangères, à faire un cours de chinois vulgaire et pratique, je dois me féliciter de l'occasion qui m'est offerte de pouvoir utiliser ici, en vue de l'intérêt public, de l'intérêt français, l'expérience acquise pendant les vingt années que j'ai passées, au service du pays, dans les contrées de l'Asie orientale. Votre présence dans cette enceinte est déjà un encouragement pour le professeur, en quelque sorte improvisé, qui doit avant tout solliciter votre attention et votre indulgence.

Mais d'abord, à quoi peut servir ce cours de chinois vulgaire et pratique? Quelles considérations m'ont amené à m'en charger? Telles sont, messieurs, les questions qui doivent se présenter les premières à votre esprit, et auxquelles il est naturel que je réponde dès le début.

La première de ces considérations, celle qui avant toute autre s'est imposée à mon esprit comme un devoir, c'est la pensée de retirer des immenses sacrifices que la France a faits en Chine, en Cochinchine et au Japon, plus de fruits qu'il n'en a été recueilli jusqu'à présent. A cette pensée s'ajoute une conviction d'autant plus profonde qu'elle est justifiée par des faits, que le meilleur moyen de rendre de plus en plus accessible à toutes les ambitions légitimes le vaste champ que nous avons conquis dans ces régions favorisées, c'est d'en vulgariser la langue, de faire de celle-ci un instrument usuel et à la portée de tous.

Tel est le but, messieurs, que je me propose, et mon vœu

sera réalisé si je parviens à recruter dans un auditoire bienveillant quelques jeunes esprits sérieusement résolus à me suivre, et à chercher dans cet enseignement, non pas les jouissances du littérateur et du savant, mais des résultats positifs, un emploi fructueux de leur intelligence et de leur activité, propre à leur assurer un avenir, à leur créer des carrières nouvelles, à satisfaire, en un mot, aux aspirations saines et aux besoins réels qui caractérisent notre époque.

§ I.

Un enseignement de ce genre n'eût pas été de saison il y a
une vingtaine d'années. Vous allez en juger, messieurs, par le
contraste que présente l'état actuel des choses avec le passé, dont
j'ai été le témoin. A cette époque, si peu éloignée de nous pour-
tant, c'est à Canton qu'était concentré tout ce qui constituait
alors les relations de l'Occident, c'est-à-dire de l'Europe et de
l'Amérique, avec cette vaste agglomération d'anciens royaumes,
d'anciens États, connue à l'extrémité orientale de l'Asie sous le
nom de Chine. Qui de vous n'a pas entendu parler des factoreries de ce port fameux ! Figurez-vous un espace de terrain ne
dépassant pas en étendue le jardin réservé des Tuileries ; bordé
au nord par une rangée de maisons servant d'habitations et de
magasins à une centaine d'étrangers environ, séparé de la ville
par un mur soigneusement surveillé, de 20 à 30 pieds de haut,
et baigné au sud par les eaux du fleuve des Perles, le Tchou-
Kiang. C'était un véritable cloître de marchands, et le mot ne
paraîtra pas exagéré, si l'on se rappelle que les femmes en étaient
rigoureusement exclues. Au point de vue politique, les relations
y étaient nulles. « Il n'y a qu'un soleil, il n'y a qu'une terre, »
— disaient les Chinois de ce temps là ; et ils concluaient, avec une
logique à eux, qu'il ne pouvait y avoir qu'un seul et unique
souverain sur cette terre et sous ce soleil. Ils admettaient bien
qu'il existât des tribus d'étrangers, *de barbares*, administrées
par leurs propres chefs, sans l'intervention directe des fonctionnaires du Céleste Empire. Mais ils n'admettaient pas que ces
chefs ne reconnussent pas, — s'ils avaient du bon sens, — le
gouvernement magnanime et miséricordieux du Fils du Ciel.
Or, « toutes ces tribus étaient pauvres, misérables, leurs terres
ne suffisaient pas pour les nourrir, — ceci s'appliquait spécialement aux barbares aux cheveux roux, aux Anglais ; — il n'était

donc qu'équitable, conforme aux grands principes humanitaires d'un pays aussi glorieusement civilisé que la Chine, principes posés déjà par l'immortel Confucius, par l'illustre Mencius, que l'empereur, le seul qu'il y eût au monde, les autorisât à aborder les confins maritimes de l'empire, pour chercher dans un trafic quelque amélioration à leur sort digne de pitié. »

Vous devinez aisément, messieurs, d'après ce que je viens de dire, à quoi se réduisait ce trafic si charitablement octroyé à la misère supposée des tribus de l'Occident, à combien de règlements, à quelles restrictions, à quelles avanies il était soumis. En effet, ce ne fut, comme cela ne pouvait être, qu'un vaste monopole. Du côté de la Chine, il était représenté primitivement par un *négociant impérial;* plus tard, par un comité appelé *consou,* et composé d'environ dix négociants chinois connus dans l'histoire sous le nom de hanistes, du mot chinois *hang,* qui veut dire raison sociale, maison de commerce; — et en dernier lieu, par une demi-douzaine de principaux hanistes agissant individuellement et portant des noms assez peu harmonieux pour une oreille française, tels que Tchoumqua, Howqua, Pontimqua, Samqua.

Du côté des étrangers, il n'en fut pas autrement, en réalité, même en 1834, après l'expiration du privilége de la célèbre compagnie anglaise des Indes-Orientales, qui seule, en vertu de sa charte, avait le pouvoir de commercer avec la Chine. Ce ne fut qu'une substitution de monopole, et la domination commerciale passa de cette corporation colossale aux mains de douze ou quinze puissantes maisons anglaises et américaines, constituant une véritable féodalité, à la tête desquelles figuraient les Jardine Matheson, les Dent, les Lindsay, les Turner, les Heard et les Russell.

Voilà donc, messieurs, deux mondes en présence, l'extrême Orient et l'Occident, tous deux immenses, tous deux riches de millions d'habitants, vivant chacun, il est vrai, d'une vie différente, mais possédant tous deux les trésors d'un sol fertile et ceux qui peuvent résulter du travail et de l'industrie des populations; les voilà qui luttent, l'un pour maintenir, l'autre pour renverser les barrières séculaires qui les séparent.

Tant que dura cet état de choses désolant, — et il n'a définitivement cessé qu'en 1860, — un cours de chinois, comme celui que j'ai l'intention de faire, eût été sans objet. Pour la gloire littéraire de la France, il suffisait qu'il y eût des érudits, des sinologues éminents, comme les Abel Rémusat, les Stanislas Julien, les Bazin, les Pauthier, dont les travaux font l'admiration des savants. Il suffisait alors, pour une autre gloire plus grande peut-être, celle qui assigne à la France une place si marquée dans la voie de la civilisation universelle, il suffisait, dis-je, de nos infatigables missionnaires, dont les rangs sans cesse éclaircis par les maladies, les fatigues, la misère et les persécutions, se reforment aussitôt, et qui, depuis bientôt trois siècles, ont fait briller aux yeux des populations les plus reculées de la Chine le flambeau de la foi chrétienne.

En effet, messieurs, en présence de ces barrières dont je parlais tout à l'heure, et que la France n'avait, à première vue, aucun intérêt direct, immédiat, sinon un intérêt moral, à franchir; — en présence de cette organisation du commerce étranger en Chine, organisation exclusive et restreinte, que pouvaient faire les Français, il y a quelques années, alors que leur départ pour la Chine eût été considéré comme un acte d'aventureuse imprudence?

Et cependant, à quel moment a-t-on vu en Chine plus d'honorabilité, plus d'hospitalité dans le haut commerce qu'à cette époque privilégiée? J'aime à le constater ici, nulle part les voyageurs, les marins, les agents diplomatiques ou consulaires, et les modestes commerçants eux-mêmes, à quelque nation qu'ils appartinssent, ne rencontraient de meilleur accueil qu'auprès des représentants des maisons anglaises et américaines dont j'ai déjà cité les noms.

Il en était de même en ce qui concernait la masse des Chinois auprès de leurs compatriotes, princes ou patrons du commerce exclusivement indigène. Mais cette libéralité n'en constituait pas moins un privilége, et pour en jouir, il fallait, en allant en Chine, être recommandé, autrement dit « *consigné* » à l'une de ces grandes maisons. Si on y était admis à demeure, ne fût-ce qu'à titre de simple commis, on était à peu près certain d'en sortir, au bout de quelques années, millionnaire. Mais à quel titre un Français aurait-il été pris ainsi par la main et conduit vers le bien-être et la fortune?

Et cependant, messieurs, était-il admissible que dans des contrées où nous voyions d'autres grandes puissances puiser si largement des éléments de richesse et d'influence politique, il n'y eût rien à faire pour la France? Le gouvernement de l'Empereur ne l'a point pensé. Déjà, en 1842, à la suite d'une guerre que les Anglais avaient été obligés de faire à la Chine, guerre aussi humainement conduite que juste dans ses causes, et que l'on n'a pas cependant hésité à gratifier du nom de *guerre d'opium,* le traité de Nankin avait fait une brèche notable dans les vieux préjugés des Chinois relatifs à l'Occident. Au lieu du seul port de Canton, les étrangers pouvaient déjà commercer librement à Amoy, Fou-Tchéou, Ningpo et Chang-Haï. La fameuse ligue de hanistes venait d'être supprimée. L'égalité des nations de l'Occident avec *la race aux cheveux noirs,* comme les Chinois aiment à se qualifier, était pleinement inscrite dans les traités. Chose plus surprenante encore! M. de Lagrenée, qui avait été chargé, en 1844, d'approprier à la France les avantages conquis par les Anglais, avait réussi à faire reconnaître par le célèbre Ky-ing la tolérance du christianisme en Chine, et à garantir, au moins indirectement, la vie de nos héroïques missionnaires disséminés dans l'intérieur de l'empire.

Mais, messieurs, il fallait être en Chine à l'époque dont je parle, et mêlé activement à la lutte des intérêts les plus opposés qui se débattaient à Canton et à Chang-Haï, pour se former une idée du chaos que les premiers traités de l'Occident avec la Chine avaient créé à tous les partis. Au premier aspect, ils ne justifiaient que trop cette exclamation d'un grand dignitaire chinois : « Vos traités ne sont que des germes de discorde; à chaque traité nouveau, une guerre nouvelle. »

Le gouvernement impérial de Chine ne voyait dans ces actes qu'une arme dirigée contre son existence. Aussi s'ingéniait-il, depuis le commencement du règne de Chienn-Feung, à en éluder toutes les dispositions essentielles, en attendant qu'il fût assez fort pour les déchirer ouvertement et les jeter dédaigneusement à la face de tous les *barbares* réunis. Les étrangers attirés par les richesses que leur séjour dans les nouveaux ports leur avait fait entrevoir dans l'intérieur de la Chine centrale, croyaient n'avoir rien de mieux à faire que de fomenter l'épouvantable insurrection chinoise, et de soutenir le ramassis des plus vils démagogues, des malfaiteurs de la pire espèce, qui ne tendaient à rien moins qu'à mettre à feu et à sang le pays, sous le prétexte de régénérer l'empire et de renverser une dynastie prétendue étrangère, bien que celle-ci comptât déjà deux cents ans d'existence. C'est sous l'inspiration de ces haines et de ces luttes acharnées que le ministre des affaires étrangères de Chine, le célèbre Yé, gouverneur général et vice-roi de Canton, osa dire publiquement à la France, qui, par la voix de son chargé d'affaires, M. le marquis de Courcy, se plaignait, avec calme et dignité, du meurtre juridique d'un de ses missionnaires, M. l'abbé Chapdelaine, que lui, haut commissaire de son grand souverain, Fils du Ciel, avait mieux à faire qu'à s'occuper de la vie ou de la mort d'un Français!

Et pendant que ceci se passait à l'extrémité méridionale de l'empire, la Russie, constante dans sa politique, travaillait au nord, à Kiachta, et sur les bords du fleuve Amour, comme à Pékin même, à étendre sa frontière maritime, et finissait par acquérir, sur l'océan Pacifique, certains points de la Mantchourie situés en face même du Japon.

Ce n'était pas, en vérité, le moment pour la France de s'absenter du théâtre où d'aussi graves événements s'accomplissaient, et de laisser à l'Angleterre, à la Russie et aux États-Unis seuls le règlement des destinées de toute cette partie de l'Asie. En intervenant à deux reprises dans l'extrême Orient, la France a montré que sa force égalait sa justice, et elle a gardé le rang qui lui appartient dans la civilisation occidentale.

En France, messieurs, où il nous est si difficile de ne pas nous laisser absorber par ce qui se passe sous nos yeux, on ne se rend peut-être pas bien compte de ce que vaut déjà, de ce que, surtout, doit valoir un jour, pour nos intérêts maritimes et commerciaux, la conquête de Saïgon et de six provinces de la Cochinchine. Ailleurs, croyez-le bien, on est moins indifférent sur la portée de ce grand événement.

La seconde expédition, celle de 1860, qui se termina par l'entrée des troupes alliées à Pékin et la signature des conventions qui en portent le nom, n'a été ni moins brillante, ni moins féconde en résultats.

Les drapeaux français et anglais, arborés sur les murs de la capitale du Céleste Empire, annoncèrent au monde entier l'entente désormais possible de l'Occident avec l'extrême Orient, et le nouveau rôle que la France allait désormais jouer dans ces parages.

En effet, messieurs, aussi longtemps que les relations politiques et commerciales de l'Occident avec la Chine n'eurent pour théâtre que les ports de l'empire, la France n'y était pas et ne pouvait guère y être à sa place. Notre politique avait beau être équitable et se plier aux exigences du pays et des circonstances, nos agents diplomatiques et consulaires faire preuve d'intelligence et de saine activité, nos marins montrer leur bravoure, comme le 6 janvier 1855, sur les murs de Chang-Haï, l'influence de la France ne pouvait encore s'exercer dans de bonnes conditions. Le fait est que, dans les ports, tout se réunissait pour donner une haute idée de la puissance et des richesses des autres nations. Les demeures de leurs consuls et de leurs sujets étaient des palais, leurs comptoirs et leurs magasins ressemblaient à des forteresses. Leurs navires encombraient les quais. Les banques étaient toutes anglaises ou américaines, et, à part l'idiome du pays, on n'entendait dans les rues, sur l'eau et les débarcadères, que l'anglais parlé plus ou moins bien par tous ceux qui, de près ou de loin, étaient mêlés au commerce étranger. Ce n'était que difficilement qu'on découvrait le pavillon français. A Canton, il flottait devant la maison d'un Américain, dans un jardin où il n'y avait absolument rien de français. A Amoy, il ornait la demeure d'un Anglais. A Chang-Haï, on le voyait, en 1848, planté devant une masure à laquelle on n'arrivait qu'à travers un dédale de cloaques, de bouges et de sépultures. Il fallait se sentir le cœur bien français pour savoir, lorsqu'on avait le grand mais périlleux honneur d'être agent de la France en Chine, parler et agir avec dignité et énergie dans les circonstances constamment difficiles.

Tout cela n'existe plus, heureusement, grâce à la haute initiative du gouvernement de l'Empereur et aux expéditions de 1858 et 1860, couronnées, après trois éclatantes victoires remportées dans les plaines de Peï-ho, par un traité solennel et le payement d'une indemnité de guerre fixée à 60 millions, aujourd'hui complétement acquittée.

Désormais, le représentant de la France installé dans la capitale de la Chine, dans un véritable palais, à l'égal des princes du sang et de ses collègues, mis en communication journalière avec tous les ministres et les principaux personnages de l'empire, se trouve dans d'excellentes conditions pour défendre les intérêts généraux de l'Occident, et plus spécialement ceux de son pays.

Ce nouvel état de choses n'a pas tardé à porter ses fruits, et l'un des premiers a été l'acte de sage politique accompli le 2 novembre 1861, et par lequel le jeune souverain de la Chine, guidé par la haute intelligence et l'énergie de l'impératrice sa belle-mère et les conseils du régent, le prince Kong, son oncle, reconnut que la Chine avait fait jusque-là fausse route ; que les ministres de son père, proclamés régents à son décès, principaux auteurs de la guerre de 1858 et 1860, et instigateurs du guet-apens de Tong-tchéou, avaient trahi la cause de leur pays et de leur maître, et forfait à l'honneur. Peu après, une grande cour de justice s'assembla. *Sou-Chouenn*, le favori et le premier ministre du dernier règne, fut décapité en place publique, comme un vil criminel. Ses deux principaux collègues, deux princes du sang de premier rang, *Tchenn* et *Y*, reçurent l'ordre de s'étrangler de leurs propres mains. Les cinq autres ministres, naguère principaux dignitaires de l'empire, descendirent au grade de caporaux et furent envoyés en exil. N'est-ce pas là, messieurs, le juste châtiment des traitements barbares infligés à nos prisonniers, et la condamnation d'une politique jusqu'alors exclusive, égoïste et perfide ?

Je n'ai pas besoin, messieurs, d'insister ici sur la portée et le caractère d'un tel événement. Vous l'avez compris. Dès ce jour, les vieux préjugés chinois ont été frappés au cœur, et on voit s'ouvrir au commerce du monde entier le Yang-tsé-Kiang, le plus beau fleuve de l'Asie, qui arrose les parties les plus riches, les plus populeuses de la Chine, et qui la divise en deux zones gigantesques, celle du Nord et celle du Sud, sur un parcours de plus de 500 milles. Onze nouveaux ports s'ajoutent aux anciens, et tout négociant étranger devient libre de commercer avec les indigènes de n'importe quelle province, et de voyager dans l'intérieur de l'empire.

Au point de vue exclusivement chinois, cette apparition de notre drapeau à Pékin amena la fin de la terrible insurrection des Taï-pïng, car les troupes réunies sous le pavillon tartare-mantchou, conseillées, soutenues même par des officiers français et anglais, refoulèrent bientôt les rebelles et finirent par les exterminer dans la ville de Nankin, enlevée après un assaut meurtrier.

Peu de mois après l'établissement de notre légation à Pékin, le 7 avril 1862, un décret impérial inséré dans la *Gazette officielle*, — ici, permettez-moi, messieurs, de vous dire que cette *Gazette de Pékin* est lue attentivement et journellement par plus de 200 millions d'individus, c'est-à-dire la moitié de la population de l'empire, — proclamait, non plus sous la menace des baïonnettes françaises ou des canons anglais, mais sur une simple requête du représentant de l'empereur, la liberté la plus complète pour le christianisme, dans les provinces de la Chine proprement dite et de ses dépendances. En même temps, des églises confisquées jadis aux chrétiens étaient rendues à nos missionnaires. Là où il n'y avait plus d'anciens édifices à restituer, le cabinet de Pékin les remplaçait par des donations, comme à Tchen-Tinn, Tienn-Tsinn et d'autres endroits dont l'énumération vous fatiguerait inutilement. C'est ainsi, messieurs, que dans la ville murée de Canton, où, en 1856, le vice-roi, *Yé-minn-tchenn*, écrivait au chargé d'affaires de France son insolente dépêche, à la place même où existait naguère son palais, s'élèvent aujourd'hui une cathédrale, un asile et des écoles bâtis avec les fonds dus à la munificence de la France, et par les soins d'un éminent prélat français, Mgr Guillemin, — ces terrains ayant été donnés par le vice-roi *Lao*, comme gage d'amitié entre la France et la Chine. Nos intérêts matériels n'ont pas été oubliés dans l'organisation nouvelle. Indépendamment des changements apportés dans les conditions normales du commerce étranger, le cabinet de Pékin, aussi bien que plusieurs vice-rois et gouverneurs de provinces, ont fait souvent appel à nos nationaux pour entrer à leur service, et ceux de nos officiers de marine et de nos agents consulaires, ou même de simples mécaniciens ou industriels qui eurent la bonne fortune d'y être admis, n'ont pas eu certainement à le regretter jusqu'à présent.

§ II.

Vous me pardonnerez, messieurs, de m'être étendu plus que je n'aurais dû le faire sur l'histoire du passé et de cette laborieuse période de lutte que nous avons eue à traverser, avant d'arriver à l'époque actuelle qui nous a ouvert un champ aussi vaste que fertile.

J'ai fait de nombreux voyages en France, en Belgique, en Allemagne et en Italie. Ce sont assurément des pays riches et que rendent prospères leur industrie et le travail de leurs habitants. Eh bien, messieurs, je ne crains pas d'être taxé d'exagération en vous affirmant que la Chine ne leur cède en rien, si même elle ne les surpasse pas sous quelques rapports. Grande comme l'Europe, elle en a tous les climats. Jusqu'à présent, il est vrai, elle n'a pas de chemins de fer ; mais aucun pays du monde ne possède un semblable réseau de voies intérieures, fluviales et maritimes, et un système aussi complet de canalisation faisant communiquer entre eux, et avec les ports de la côte, tous les lacs et les innombrables rivières qui sillonnent la plus grande partie des provinces de l'empire.

La Chine produit le blé, le riz, la vigne, la canne à sucre, l'indigo, le tabac, la soie, le thé, les épices, le coton, l'arbre à suif, l'arbre à cire, le bambou, des variétés infinies de lin et de chanvre, des animaux de toute espèce, les oiseaux les plus rares, des fruits sans nombre, du poisson aussi abondant que varié, des plantes médicinales et tinctoriales à l'infini, c elle possède des mines de houille, de fer, d'étàin, de cuivre, d'or, de platine, d'argent et de pierres précieuses. L'agriculture y est merveilleuse et portée jusqu'aux sommets des montagnes ; l'industrie répandue partout, dans les plus petits hameaux comme dans les cités les plus populeuses. Son commerce intérieur n'a point de rival dans le monde ; et telles sont les aptitudes des Chinois pour les affaires, qu'il ne serait pas surprenant qu'un jour ils ne vinssent faire une rude concurrence aux Anglais jusque sur les marchés de l'Europe.

La raison de tout cela est bien simple. L'organisation fondamentale de la société chinoise, telle qu'elle est aujourd'hui, date de près de vingt siècles, et le travail, au lieu d'être considéré comme une peine nécessaire, est au contraire, en Chine, un honneur. On n'y méprise que l'oisiveté, partout où elle se montre. Aussi le Chinois travaille-t-il avec joie. La sueur a beau lui couler du front, qu'il porte un palanquin on qu'il conduise sa charrue, le sourire ne quitte jamais ses lèvres ni la gaieté son esprit. Son visage ne trahit aucun sentiment mauvais ou amer ; la basse envie lui est inconnue, car, à ses propres yeux, comme aux yeux de ses pareils, le travail, et surtout le travail utile, ne dégrade point. Bien au contraire. Le travail anoblit sans distinction de classes, puisque le premier principe de la constitution sociale et politique de la Chine est que l'étude constatée par les examens et le mérite personnel sont et doivent être le seul chemin des honneurs et des dignités, dont le souvenir se perpétue à travers les générations. Que dites-vous, messieurs, de ces titres équivalant à ceux de duc et de marquis, et des émoluments qui y sont attachés, se continuant depuis des siècles dans les familles de Confucius et de Mencius, toutes les dynasties, et il y en a eu vingt-quatre depuis la mort de ces deux sages, tenant à honneur de vénérer leur mémoire ?

Aussi, en Chine, les changements de position sont-ils surprenants, et en voici un exemple frappant. C'était en 1849. J'étais alors à Ningpo. Me promenant un soir dans les rues, examinant les boutiques et les passants, j'avise un jeune homme d'environ dix-sept ans, appuyé contre la colonne d'un arc *d'honneur*, et paraissant presque inanimé. Sa figure intelligente me plaît: je l'aborde et je l'interroge. Le malheureux, orphelin, sans appui et sans travail, était résolu à mourir de faim. Voilà pourquoi il s'était posté contre ce monument, personne n'ayant le droit de l'en faire partir, et une mort lente donnant, suivant les idées chinoises, plus de prérogatives dans l'existence future. Il avait déjà fait quelques études, interrompues bientôt faute d'argent. Je lui demande comment je pouvais lui venir en aide. «Donnez-moi d'abord à manger, dit-il, et puis donnez-moi quelque argent, assez pour faire un petit commerce et gagner ainsi de quoi continuer mes études.» Surpris de cette requête, qui me paraissait dépasser ce que j'avais résolu de faire, je lui demandai combien il voulait, croyant que j'allais entendre énoncer une somme assez considérable. Nullement. Il me demanda simplement deux piastres, la valeur de douze francs. Je les lui donnai en lui disant qui j'étais, et il partit, oubliant presque de me remercier. Je me sentis désappointé, et, au bout de quelques jours, j'oubliai complétement l'aventure. Cinq mois plus tard, un matin, à Chang-Haï, je vois entrer chez moi le jeune homme. Il me rapportait mes deux piastres et m'offrait, en insistant, une piastre et demie d'intérêt. Il avait déjà réuni près de vingt piastres, en faisant dans les rues un petit commerce de friandises. Vers la fin de 1852, il avait réussi à passer deux examens. En 1861, il vint exprès me voir à Pékin; il avait le grade et la position de sous-préfet. Il m'offrit un quart de sa fortune, et fut surpris du sourire avec lequel je déclinai une semblable proposition. Je m'enquis de lui au ministère de l'Intérieur. C'était l'un des meilleurs magistrats de l'empire.

Cela vous prouve la frugalité du Chinois, son industrie, sa patience, les facilités du commerce, la libéralité des lois, des mœurs et des institutions, et en dernier lieu, l'honnêteté des sentiments de ce Chinois, qui sont moins rares qu'on n'est disposé à le croire.

Eh bien, messieurs, cette Chine, telle quelle est, avec toutes ses richesses, avec ses merveilles de paysage, de culture et de travail, dont vous pouvez à peine vous faire idée ; avec la bonhomie, la simplicité des populations, dont le contact des étrangers n'a pas encore modifié les mœurs ; cette Chine vous est toute grande ouverte, mieux ouverte même que beaucoup d'États bien plus près de nous. Non pas que je prétende qu'il n'y ait plus de progrès à faire pour que nos rapports de toute nature avec ce pays soient tels qu'ils doivent être, autant dans son intérêt que dans le notre. Non pas que je prétende que les traités y soient partout et toujours exécutés à la lettre et dans leur esprit. Loin de moi une telle prétention. Je le dirais, que vous ne me croiriez pas, et vous auriez peut-être raison. Je ne nie pas non plus qu'il n'y ait encore bien des accidents à déplorer, bien des obstacles à vaincre, beaucoup de mauvais vouloir, de la part surtout des autorités provinciales, subalternes, à faire disparaître. Mais quel est le pays dans le monde entier qui exécute religieusement les traités et les conventions qu'on lui a arrachés à la pointe de l'épée ? Comment nous attendre à nous faire bien venir des autorités pour lesquelles, à très-peu d'exceptions près, nous n'avons et n'affichons que du mépris, et dont, sans nous en rendre compte peut-être, nous menaçons constamment l'existence ? Comment nous faire considérer par des populations contre lesquelles tant d'étrangers se croient encore tout permis ? Certes, si jamais le nouvel état de choses inauguré en Chine par l'installation des légations étrangères à Pékin venait à être changé, à empirer au lieu de s'améliorer, la faute en serait autant aux étrangers qu'à la Chine. On parle constamment de la cruauté des Chinois à l'égard des étrangers, de leur haine invincible pour les barbares, de leur dédain pour tout ce qui ne ressemble point à leur civilisation, à leurs idées, à leurs mœurs, — de la répugnance qu'ils auraient à voir des étrangers installés chez eux, dans leurs hameaux, leurs villages, leurs bourgs et leurs cités. Vous allez en juger vous-mêmes. Les Anglais ont fait trois

guerres à la Chine, — la France y a envoyé deux expéditions.
Pendant que l'on se battait sur la côte, nos vaillants, nos infatigables missionnaires parcouraient comme d'habitude l'intérieur de toutes les provinces; pas un n'avait déserté son poste d'honneur, et pas un n'a été inquiété à cette époque.

Il y a eu, hélas! il y a encore des persécutions et des martyrs. Mais cela a toujours tenu, tient toujours à des causes toutes locales et plus ou moins politiques.

Lisez encore les rapports adressés au gouvernement anglais, des voyages faits, respectivement, l'année dernière, par M. Alabaster, de Tché-Fou à Chang-Haï, et par M. Oxenham, de Pékin à Hann-Kéou, par l'intérieur. Chacun de ces explorateurs *était tout seul, non pas déguisé en Chinois, mais vêtu à l'européenne*. Ils ont parcouru ainsi deux à trois cents lieues de pays, passé par une *foule de villes ou de villages*, prenant partout des informations, adressant des questions et notant tout ce qu'ils voyaient. Il ont traversé des contrées dont les populations n'avaient jamais entendu parler de la guerre ni des traités, et encore moins du droit qu'avaient ces intrépides agents consulaires anglais de parcourir ainsi le pays, comme vient de le faire également la mission française du regrettable M. de Lagrée, qui, partie de Saïgon, a exploré tant de contrées de l'Indo-Chine, est entrée en Chine par le Younn-Nann et a atteint Chang-Haï, en descendant le Yang-Tsé-Kiang.

Quel enseignement tirer de ces exemples, sinon l'utilité, pour ne pas dire la nécessité de savoir la langue du pays, et de ne jamais se départir, à l'égard de ses habitants, d'une confiante bienveillance?

L'honorable chef d'une des premières maisons anglaises à Chang-Haï me disait qu'il devait toute sa fortune et la haute destinée de sa maison à la confiance qu'il avait mise dans la loyauté des Chinois et à celle qu'il avait su leur inspirer.

D'ailleurs, on ne voit plus comme autrefois, en Chine, un

petit nombre de puissantes maisons princières dominant le marché. Aujourd'hui, les rôles sont intervertis, et ce sont les Chinois qui, remis en possession de leur domaine naturel, font la loi, à leur tour, à tout l'ensemble du commerce. Chaque étranger pouvant s'adresser directement aux habitants des villes ou des campagnes pour vendre ou pour acheter, on peut juger de quelle importance est devenue l'étude de l'idiome du pays, à quel point il constitue désormais l'élément indispensable de toutes les transactions.

Je ne nie pas néanmoins que les capitaux, en Chine, au Japon, comme ailleurs, ne soient un auxiliaire puissant pour conduire les affaires et augmenter la fortune. L'exemple de notre Comptoir d'escompte et de nos Messageries impériales est là pour le démontrer, en nous prouvant en même temps combien était fausse cette idée que la France ne saurait avoir aucun intérêt dans l'extrême Orient.

Certainement, messieurs, en Chine comme ailleurs, les capitaux sont utiles, très-utiles, et ceux qui en ont peuvent en tirer un excellent parti, surtout s'ils veulent comprendre qu'une nation de 400 millions d'habitants, ayant une existence réglée depuis des siècles, ne saurait courir après des fantaisies d'un jour, ni adopter des goûts opposés au climat de leur pays, à leurs idées et à leurs habitudes. Ainsi donc pour prétendre à conquérir un tel marché, il faut d'abord se résoudre à produire pour lui. Il va sans dire que les étoffes qui nous conviennent ne sauraient convenir aux Chinois et aux Japonais, dont les vêtements exigent des métiers différents.

La Chine et le Japon, comprenant leurs véritables intérêts, voient qu'ils ont besoin de l'intelligence, de l'activité et de la science des Européens. Aussi la Chine surtout s'empresse-t-elle de les employer et de les rémunérer libéralement. Pour ne citer que deux sommités : M. Horace Lay, aujourd'hui probablement deux fois millionnaire, et M. Robert Hart, maintenant tout-puissant à Pékin, n étaient certes pas bien riches lorsque, simples vice-consuls anglais, ils entraient en 1858 au service de la Chine.

Elle accorde d'ailleurs plus que de l'argent à ceux qui la servent fidèlement. Le brave contre-amiral Protet, qui a péri en combattant les rebelles, compte désormais parmi les génies tutélaires de la Chine, et sa mort fut annoncée à l'empire entier comme un malheur public. En 1862, la légation de l'Empereur à Pékin a eu la bonne fortune de faire donner de grands commandements militaires et quelques emplois civils à plusieurs de nos officiers de marine. Le premier sur la liste était le regrettable enseigne de vaisseau Lebreton. A peine nommé commandant en chef du corps franco-chinois, il fut tué raide d'un éclat de canon au siége d'une ville. Une demi-heure après que la triste nouvelle en fut arrivée à Pékin, le ministère chinois tout entier vint à la légation pour exprimer les vifs et sincères regrets du gouvernement impérial, le premier ministre Wenn-Siang s'empressant d'ajouter que si l'on avait 300 Français de cette valeur à lui proposer, la Chine les adopterait avec reconnaissance, en souscrivant d'avance à toutes les conditions. MM. de Méritens, d'Aiguebelle et Gicquel, en servant actuellement la Chine avec autant de loyauté que d'intelligence, n'en rendent pas moins de bons et patriotiques services à la France, à ses intérêts, à sa légitime influence dans les contrées de l'Asie orientale, et vous avez peut-être lu, messieurs, dans les journaux, un décret de l'empereur de Chine, accordant le grade de vice-amiral à M. d'Aiguebelle et celui de dignitaires à M. de Méritens et à M. Gicquel, ainsi qu'a quelques uns de leurs collègues anglais et américains.

Mais il y a une source de fortune bien plus assurée que l'entrée au service des gouvernements chinois ou japonais : c'est celle du commerce, soit qu'on s'y livre pour son propre compte, soit qu'on serve d'intermédiaire aux négociants indigènes, tant pour les expéditions au long cours que pour le trafic local.

Il m'est arrivé d'entendre parler de la mauvaise foi des Chinois. Rien n'est plus contraire à la vérité, et probablement nulle autre part les promesses verbales, l'assentiment moral, n'ont une importance plus considérable que dans les relations sociales et commerciales des habitants du Céleste Empire. Où pourrait-on confier, comme cela s'est fait journellement en Chine, à des hommes ne possédant rien au monde, 5 ou 600,000 francs en argent, pour aller dans l'intérieur du Kouang-Song, du Fo-Kienn, du Tché-Kiang et du Kiang-Sou, acheter de village en village des épices, des sucres, des thés ou des soies? Où trouve-t-on d'aussi nombreux exemples de suicides n'ayant d'autres causes que l'impossibilité de payer, aux approches du jour de l'an, des dettes contractées uniquement de vive voix, sans qu'il y ait le plus souvent un simple mot d'écrit? Où trouver la probité commerciale poussée jusqu'à l'héroïsme, comme je l'ai vu moi-même à Canton ?

C'était en 1856, au moment de la guerre et à la veille de l'incendie des factoreries. *Yé*, le vice-roi, venait d'édicter la peine de mort contre tout indigène ayant le moindre rapport avec les *barbares*. Les étrangers quittaient donc Canton jusqu'au dernier. Une nuit, un négociant suisse, protégé de la France, faisait également ses préparatifs de départ. Tout à coup, il voit arriver chez lui un marchand chinois de ses clients qui lui apportait, aidé de plusieurs *coolies*, 300,000 francs en lingots d'argent qu'il lui devait depuis plusieurs mois. Comme il exprimait sa surprise d'une telle témérité dans un pareil moment : « Je n'ai pas voulu, lui répond le Chinois, qu'on pût croire « que j'avais profité du malheur des circonstances pour ne pas « payer ma dette.» Qui faut-il admirer le plus, messieurs, du négociant débiteur s'acquittant au péril de sa vie, ou de ces pauvres portefaix n'ayant même pas la pensée de commettre un vol qui n'aurait point été puni, ou de faire une dénonciation qui assurément eût été récompensée.

On accuse aussi les Chinois d'être ingrats. Vous allez en jnger. Un de nos bons missionnaires meurt après quinze ans d'apostolat exercé dans le même district ; son esprit de charité, ses bonnes œuvres excitant les regrets des idolâtres et des chrétiens, ceux-ci lui font des funérailles selon notre rite, mais les autres portent leur reconnaissance bien plus loin, car ils votent en conseil communal qu'il sera désormais le *Pou-ssa*, autrement dit le génie tutélaire de la localité, et à présent encore ils brûlent de l'encens et allument des bougies devant son image.

Pour savoir ce que valent réellement les Chinois, il faut les voir dans l'intérieur du pays, loin des ports de mer habités par des étrangers. On les trouvera honnêtes, simples, polis, laborieux et patients. On s'apercevra bien vite qu'ils aiment les lettres, l'ordre et la liberté. Bien des gens, même parmi ceux qui ont passé de longnes années en Chine seront peut-être tentés de me contredire, et citeront l'insurrection chinoise et la tyrannie des mandarins. Ces circonstances exceptionnelles n'altèrent pas le véritable caractère de ce peuple. L'insurrection avait surtout pour cause la misère, suite des inondations, inconnues depuis des siècles, et elle n'aurait jamais atteint le degré d'intensité qu'elle a eu, sans l'élément étranger qui s'en était mêlé. C'est d'ailleurs l'organisation exclusivement populaire des volontaires, connus sous le nom de *braves*, qui la première a enrayé la marche de ce grand fléau auquel pendant un certain temps rien ne pouvait résister. La plupart des fortifications qui entourent encore aujourd'hui beaucoup de villages et de bourgs ont été élevées par les populations, sans que le gouvernement s'en fût occupé en aucune façon.

Que des malfaiteurs, des agitateurs de profession, des déclassés ou des ambitieux trop impatients, tentent, sous prétexte de réformes à apporter à l'économie sociale ou à l'organisation du gouvernement, un coup contre l'ordre établi, aussitôt le gong d'alarme se fait entendre dans les campagnes, et les honnêtes gens, les citoyens paisibles, c'est-à-dire les notables, lettrés, agriculteurs et commerçants, se réunissent bien vite dans leurs comices, et les voilà dans les rues, veillant à la paix publique. Les émeutiers ne redoutent rien autant que l'intervention du vrai peuple dans leurs affaires, dans leurs tentatives.

Par contre, je doute qu'il y ait des pays où les franchises, les libertés des communes et des municipes constituent davantage l'essence même de la vie publique, de la vie de tous les jours. En Chine, le gouvernement n'agit jamais contre l'opinion publique. Aucun vice-roi n'entreprend rien de réellement important sans l'avis des corporations municipales ou provinciales, et tout magistrat impopulaire est condamné à l'avance par ses supérieurs. Cette dynastie tartare-mantchoue, que tant d'étrangers ont représentée comme tyrannique, au lieu d'avoir conquis la Chine, fut, au contraire, absorbée par elle, et dut se plier à ses usages, obéir à ses lois et adopter ses institutions, ses idées et ses mœurs.

Comment peut-on réussir auprès d'un tel peuple, au point de vue politique ou commercial? Le plus simplement du monde, je le répète. D'abord, en parlant sa langue et en sachant gagner son estime.

Mais, me dira-t-on, — ne faut-il pas la vie d'un homme pour apprendre cet idiome et les trente-six mille caractères qui ressemblent à des hiéroglyphes? Il y a là, messieurs, une erreur, ou dans tous les cas une excessive exagération. Faut-il donc connaître tous les mots de nos grands dictionnaires pour savoir le français, pour être à même de faire de bonnes affaires à Lyon, à Bordeaux, à Marseille ou au Havre? Il en est exactement de même en ce qui concerne le chinois, langue qui n'est certes pas beaucoup plus difficile à apprendre que l'allemand.

Dans l'étude de la langue chinoise, tout dépend du but que l'on se propose. Si l'on veut devenir un sinologue, un savant, de longues années suffiraient à peine, — et ce n'est pas moi qui me chargerais alors d'un enseignement de cette nature. Mais je me sens en état de former des agents commerciaux ou politiques, et pour cela il ne faut pas plus de deux à trois ans. Au bout de ce temps, messieurs, vous ne serez pas capables, c'est certain, de lire couramment « *la Grande Étude* » de Confucius, ou « *les Morceaux de Controverse* » de Mencius, et vous ne saurez pas davantage l'état de la littérature chinoise au troisième siècle avant l'ère chrétienne. Mais en arrivant en Chine, vous comprendrez tout Chinois plus ou moins instruit, qu'il vienne de Pékin ou de Canton, et vous serez compris de tout cultivateur de n'importe quelle province, à moins qu'il ne soit du Kouang-Tong ou du Fo-Kienn, où l'on parle un patois à part. S'il se présente une affaire avantageuse, vous la conclurez en pleine connaissance de cause, en en stipulant les conditions par écrit. Et que faut-il pour en venir là? Peu de chose, après tout : une ferme volonté d'apprendre, de l'assiduité, un seul livre, beaucoup de papier chinois, un pain d'encre de Chine et une vingtaine de pinceaux. Le gouvernement vous offre, d'ailleurs, des encouragements qui sont inconnus en Angleterre, aux États-Unis et en Allemagne, et le décret impérial du 8 novembre 1869 promet des passages gratuits pour la Cochinchine, la Chine et le Japon, à ceux qui s'en montreront dignes par leurs bonnes études et leur conduite.

Et ici je m'adresse particulièrement aux jeunes gens qui m'écoutent. Que peuvent-ils redouter d'un séjour de dix ou quinze années dans l'extrême Orient, alors qu'ils peuvent en revenir plus instruits, plus entreprenants, et probablement plus riches? A ceux qui craignent de ne pas réussir faute de capitaux, je dirai que les Chinois leur en fourniront, si, par leur probité, leur intelligence et leur travail, ils parviennent à leur inspirer de la confiance. Il y a quelques années, les négociants Howqua et Samqua ont été les principaux bailleurs de fonds de deux des plus puissantes maisons de commerce étrangères, et l'argent est aussi abondant aujourd'hui en Chine que par le passé. Est-ce le climat qui vous effraye? Mais il y a des centaines d'Européens et d'Américains qui ont passé quinze, vingt, trente ans en Chine, et qui se portent à merveille. Aucun climat au monde ne vaut celui du sud de la Chine pendant six mois de l'année, et pendant l'autre moitié une vie régulière vous met à l'abri de tout accident. Je ne vous parle pas du nord de la Chine ou du Japon, car le climat y est parfaitement supportable dans toutes les saisons.

En résumé, messieurs, la double expédition française dans l'extrême Orient, en 1858 et 1860, nous a ouvert la Chine et le Japon, et la conquête de la Cochinchine a assis sur des bases solides la puissance de la France dans cette partie de l'Asie. Les Anglais, les Russes, les Américains, les Allemands et les Hollandais y puisent à pleines mains des éléments de grandeur et de richesse. Dans le nombre de nos compatriotes qui y sont allés, plus de la moitié ont réussi au delà de leurs espérances. Pour les imiter, pour les surpasser peut-être, il suffit d'être d'une moyenne intelligence, d'une active probité, et d'avoir le ferme désir d'apprendre le chinois, qui, en quelques mois, vous donnera la clef du japonnais et de l'annamite.

Ceux d'entre vous, messieurs, qui voudront tenter de suivre ces voies nouvelles, trouveront toujours en moi un guide cordial et dévoué. Leurs succès seront les miens, et je n'aurai point inutilement passé en Chine les plus belles années de ma vie, si je réussis à y envoyer des travailleurs plus jeunes, plus robustes, et qui deviendront, je le désire et l'espère, plus heureux que leur professeur et leur devancier.

Paris. — Typographie A. Pougin, 13, quai Voltaire.